워킹맘의 무릎 기도문

특별히 _____ 님께

이 소중한 책을 드립니다.

나침반

★ 맞벌이 부부와 자녀의 아이큐 ★

미국 콜롬비아 대학교 연구팀은 3세 이전 어린이들을 대상으로 부모와 있는 시간과 아이큐와의 관련 여부를 조사했습니다.

먼저 연구팀은 아이가 태어나서부터 풀타임으로 일을 시작한 부부와 한 명이 전담으로 자녀를 양육한 그룹을 조사했습니다. 24개월까지 두 그룹은 별 차이가 없었지만 36개월에 이르러서는 꽤 큰 차이가 나기 시작했습니다.

그러나 생후 9개월까지 부부 중 한 명이 주 양육자 역할을 하다 이후부터 풀타임으로 맞벌이를 한 경우에는, 전업으로 육아를 맡은 부모가 있는 그룹과 아무런 차이가 없었습니다.
오히려 적당한 자립심이 생기면서 이후에는 아이큐가 다소 높다는 연구결과도 많이 나왔습니다. 때문에 워킹맘이 자녀에게 결코 나쁜 영향을 끼치지는 않으며 오히려 잘만 활용한다면 자녀에게 더 큰 도움이 될 수도 있다는 것을 연구결과를 통해 알 수 있습니다. 그러므로 기죽지 말고 당당하십시오!

★ 유태인의 조기교육 ★

유태인들은 세계 인구의 0.25%이지만 노벨상 수상자의 30%를 차지하고 있고, 미국 명문대의 50% 이상은 유대인 혈통이며, 또한 세계 금융계의 거물들도 매우 많습니다. 그래서 많은 부모들이 유태인들의 교육방식에 관심이 많습니다. 대부분의 유태인들은 자녀들에게 아래의 두 가지를 중점적으로 조기 교육을 시킵니다.

1. 신앙교육
신앙을 목숨보다 중요하게 생각한다는 말이 있을 정도로 유태인들은 신앙을 중요하게 여기며, 가르칩니다. 기나긴 핍박의 세월 속에서도 이겨낼 수 있다는 희망을 준 것이 바로 그들이 믿는 하나님에 대한 믿음이었기 때문입니다. **우리도 하면 됩니다.**

2. 경제교육
갓난아기를 재울 때 유태인들은 "싸게 사서 비싸게 팔으렴"이라고 말할 정도로 유태인들은 어려서부터 경제교육을 중요하게 여깁니다. 말문이 트일 때부터 시장을 다니며 흥정법, 자리보는 법, 시세 등을 알려주고, 또한 돈을 사용하고 관리하는 법도 용돈을 주면서부터 바로 시작합니다. **우리도 하면 됩니다.**

★ 적절한 좌절을 도와주세요 ★

미국의 정신과 의사 하인즈 코헛은 아이들이 건강한 마음을 가지고 성장하기 위해서는 '적절한 좌절'이 필요하다고 말했습니다.

열심히 공부한 아이가 시험 성적이 오히려 떨어졌을 때는 위로를 해주고 다시 도전할 수 있게 복돋아 줘야 합니다. 그러나 과체중임에도 패스트푸드를 먹겠다고 떼를 쓸 때는 아무리 울고 보채도 들어주지 않아야 합니다.
이 과정에서 경험하는 것이 '적절한 좌절'입니다. 적절한 좌절에는 다음과 같은 조건이 필요합니다.

1. 왜 안 되는지에 대한 분명한 이유를 계속 설명할 것.
2. 행동으로는 금지시켜도 정서적으로는 위로할 것.
3. 흥미를 잃어 원하지 않는 일은 억지로 시키지 말 것.
4. 적절한 좌절을 가르치는 훌륭한 교육, 놀이를 자주 할 것.
5. 아이가 힘들어도 즐거워하며 스스로 포기하지 않을 때가 있는데 이때가 끈기가 길러지는 상황(훈련)이니, 조금 위험해 보여도 적절한 조치를 취하며 지켜보며 메모할 것.
6. 그 무엇보다도 하나님께 도움을 청하는 기도를 할 것.

이 책의 사용방법

1️⃣ 만약 이 책을 중간에 받았다면, 그 날짜에 바로 시작하되 매월 1일이 되면 날짜에 맞춰 기도를 시작하십시오.

2️⃣ 30일 동안 매일 적당한 시간을 내어, 글씨는 눈으로 읽되, 기도는 주님이 듣고 계신다는 믿는 마음으로 간절히 하십시오. 분명 응답 됩니다.

3️⃣ 본문 중 「아이」 단어에는 기도 때 아이 이름으로 바꿔 기도 하십시오. 더 친밀하고 구체적인 기도가 됩니다.

4️⃣ 한 달 동안 기도하신 후, 다음 달 1일이 되면 다시 기도를 반복해도 좋습니다.

5️⃣ 5일 단위로 체크하도록 되어있는 '기도 체크표'에 횟수와 날짜, 우리 아이나 본인에게 나타난 변화를 간략하게 메모 해두십시오. 아이의 신앙 성장이나 본인의 믿음 생활에 도움이 될 것입니다.

6️⃣ 이 책을 잘 보관했다가 아이가 성인이 됐을 때 유산 중 하나로 전하면 어떨까요?

차례

1
주님,
주님 안에서
삶의 안식을 얻게
하소서

우선 무엇이 되고자 하는지 자신에게 말하라.
그리고 나서 할 일을 하라. – 에픽테토스 –

먼저 말씀을 묵상합시다.

"여호와(하나님)는 그 얼굴을 네게로 향하여 드사 평강 주시기를 원하노라"(민수기 6:26)

"The LORD turn his face toward you and give you peace."

"예수께서 오사 가운데 서서 이르시되 너희에게 평강이 있을지어다"(요한복음 20:19)

"On the evening of that first day of the week, when the disciples were together, with the doors locked for fear of the Jews, Jesus came and stood among them and said, "Peace be with you!"

"주 예수 그리스도의 은혜와 하나님의 사랑과 성령의 교통하심이 너희 무리와 함께 있을지어다"(고린도후서 13:13)

"All the saints send their greetings."

저의 모든 짐을 져주시는 주님을 찬양합니다.

주님, 저는 가정 일과 직장 일을

같이 해야 하는 상황에 처해 있다보니

때로는 너무나 지칠 때가 있습니다.

그러나 주님, 이 자리를 허락하신 주님께

감사하며 신뢰합니다.

늘 저를 지켜봐 주시는 주님께서

저에게 평강을 주시길 바란다는

민수기 말씀(6:26)처럼

오직 저의 삶 가운데

주님이 주시는 평강이 가득하게 하시고

혼란한 상황 가운데서도

그 평강 안에서 안식하게 하소서!

저와 동행해 주시길 간절히 기도합니다.

주님, 저의 여러 상황과 상관없이
평강과 안식을 주시기를 간구합니다.
주님이 주시는 평강과 안식을
믿음으로 받습니다.

오늘도 주님과 동행하는 삶을 살게 하소서.
주님과 동행하는 것이 평안임을 알게 하시며
그 평안을 구하는 믿음으로
세상을 살며 승리하게 하소서.
주님, 저를 도와주소서!
예수님의 이름으로 기도합니다. 아멘!

2

주님,
아이가 구원받고
바른 신앙으로
인도되도록 하소서

교육은 어머니의 무릎에서 시작되고
유년기에 들은 모든 언어가 성격을 형성한다.
- 아이작 바로우 -

먼저 말씀을 묵상합시다.

"또 어려서부터 성경을 알았나니 성경은 능히 너로 하여금 그리스도 예수 안에 있는 믿음으로 말미암아 구원에 이르는 지혜가 있게 하느니라"(디모데후서 3:15)

"And how from infancy you have known the holy Scriptures, which are able to make you wise for salvation through faith in Christ Jesus."

"모든 성경은 하나님의 감동으로 된 것으로 교훈과 책망과 바르게 함과 의로 교육하기에 유익하니"(디모데후서 3:16)

"All Scripture is God-breathed and is useful for teaching, rebuking, correcting and training in righteousness."

주님을 찾는 사람들을 결코 내쫓지 않으시는
주님께 감사와 찬양을 올립니다.
황무지 같은 삶에서 저에게
새삶을 허락하신 주님,
동일한 은혜와 복이 **아이**에게도
임하게 하소서.

회사와 가정 일, 그리고 교회 일로 분주하지만
그래도 **아이**의 신앙을 위해서
늘 관심을 가지고 바른길로 인도하는
엄마가 되게 하소서.

할머니 유니게로부터 늘 말씀을 배워
하나님을 알고 믿음의 기반을 다졌던
디모데처럼

우리 **아이**가 하나님의 말씀을 귀담아 들어
마음에 새기게 하소서.

아이가 커가면서
예수님의 어린 시절처럼
키가 자라며
지혜가 자라며
하나님과 사람 앞에
더 사랑스러워 가게 하소서.

공부와 함께 신앙과 성품, 믿음과 말씀이
인생을 진정으로 성공하게 하는 비결임을
저와 **아이**가 잊지 않고 기억하게 하소서.
예수님의 이름으로 기도합니다. 아멘.

3
주님,
아이가 언제나
건강하게 하소서

건강한 신체에 건강한 정신이 깃든다. - 유베날리스 -

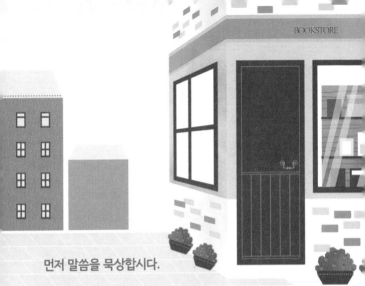

먼저 말씀을 묵상합시다.

"그의 빛이 붉고 눈이 빼어나고 얼굴이 아름답더라"(사무엘상 16:12)

"He was ruddy, with a fine appearance and handsome features. Then the LORD said, "Rise and anoint him; he is the one."

"오직 여호와(하나님)을 앙망하는 자는 새 힘을 얻으리니 독수리가 날개치며 올라감 같을 것이요 달음박질하여도 곤비하지 아니하겠고 걸어가도 피곤하지 아니하리로다"(이사야 40:31)

"But those who hope in the LORD will renew their strength. They will soar on wings like eagles; they will run and not grow weary, they will walk and not be faint."

우리의 보호자이신 주님께 감사합니다.

항상 **아이** 곁에서 함께 있으면서
보살펴주고 싶은 마음과는 달리
하루의 대부분을 회사에 있기에
언제나 **아이**의 건강이 염려가 됩니다.
주님, 그러나 주님께서 **아이**의 건강을
지켜주실 줄 믿습니다!

소년 다윗이
사무엘의 눈에 한 번에 들어왔던 것 같이
골리앗을 용감히 무찔렀던 것 같이
좋은 혈색과 담대한 마음, 주님을 향한 믿음을
우리 **아이**에게도 허락하소서!

엘리야에게 천사를 보내 위로하고
힘을 주셨던 것처럼

우리 **아이**에게도 위로와 힘을 주소서!
건강한 몸으로 주님을 바라보게 하시고
하나님이 주신 원대한 비전을 향해
나날이 성장하게 하소서.

건강한 몸으로 주님을 믿고 바라보며
학교생활과 가정생활을 영유할 능력을
때마다 일마다 주실 주님을 믿습니다(사 40:31).
아이를 주님께 맡기오니, 보살펴 주옵소서.
예수님의 이름으로 기도합니다. 아멘.

4

주님,
아이가 좋은 교육기관에
(어린이집, 유치원, 학교)
들어가게 하소서

인간을 지혜로만 교육하고 도덕으로 교육하지 않는다면
사회에 위험을 기르는 꼴이 된다.
- D. 루즈벨트 -

먼저 말씀을 묵상합시다.

"그러나 너는 배우고 확신한 일에 거하라 너는 네가 누구에게서 배운 것을 알며"(디모데후서 3:14)

"But as for you, continue in what you have learned and have become convinced of, because you know those from whom you learned it."

우리를 선히 인도하시며 가르쳐주시는
주님을 찬양합니다.
신명기 6장 5절 말씀처럼 주님께
마음을 다하고, 뜻을 다하고, 힘을 다하여 섬기는
저와 **아이**가 되기를 소망합니다.

그러기 위해서 좋은 배움의 터와 선생님에게
우리 **아이**를 인도해주소서.
좋은 선·후배와 좋은 친구들을 통해
본받을 수 있는 것을 배우게 하시고
그로 인해 하나님을 알아가고,
다른 사람들이 본받을만한 **아이**로
성장하고 성숙하게 하소서(빌 3:17).

바울과 같이 분명한 신앙의 정체성을 가지고
학생들을 지도할 수 있는 선생님을

만나게 하소서!

하나님의 말씀을 따라 세워진 터로

인도하여주시고,

그렇지 않더라도 믿음의 좋은 선·후배와

친구들을 만나게 하시고

그곳에서 주님의 거룩한 빛을 비추는

빛과 소금으로 쓰임 받게 하소서

우리 **아이**가 배우고 확신한 일에 거함으로

모세처럼 주님의 법대로 행하는

경건한 성도로 자라게 해주소서.

예수님의 이름으로 기도합니다. 아멘!

5

주님,
아이가 바른 정서를
갖게 하소서

키스해주는 어머니도 있고,
꾸중하는 엄마도 있지만,
사랑하기는 마찬가지다.
- 펄 벅 -

먼저 말씀을 묵상합시다.

"이는 네 속에 거짓이 없는 믿음이 있음을 생각함이라 이 믿음은 먼저 네 외조모 로이스와 네 어머니 유니게 속에 있더니 네 속에도 있는 줄을 확신하노라"(디모데후서 1:5)

"I have been reminded of your sincere faith, which first lived in your grandmother Lois and in your mother Eunice and, I am persuaded, now lives in you also."

"말을 아끼는 자는 지식이 있고 성품이 냉철한 자는 명철하니라"(잠언 17:27)

"A man of knowledge uses words with restraint, and a man of understanding is even-tempered."

우리에게 은혜와 지혜와 평강을 주시는
주님을 찬양합니다.
세상이 알지 못하는 평안을 날마다
넘치게 주시는 주님
저뿐 아니라 **아이**의 삶 속에도
동일한 평안을 주시길
간절히 기도합니다.

아이에게 올바른 부모의 역할을 하지 못할까 봐,
때로는 너무나 두렵습니다.
또 직장에서의 일들이 가정에까지
나쁜 영향을 미칠까 봐 신경이 쓰입니다.
오로지 주님 밖에는 의지할 수 없는 상황임을
고백하오니 은혜를 베푸사 도와주소서.

이런 상황 가운데서도 오직 바른 믿음을

아이에게 전하게 하시고

그 믿음을 통해 언제나 담대한 마음과

평안한 정서를 갖게 하소서.

저나 **아이**에게 좋은 성품을 주소서.

홀로 있는 중에도

주님의 음성을 들었던 사무엘처럼

우리 **아이**에게도 늘 주님이 동행하여 주시고

부족한 가운데 **아이**에게 더욱더

사랑과 정성을 쏟는

부모의 역할을 감당하게 하소서.

예수님의 이름으로 기도합니다. 아멘.

★ 워킹맘들을 위한 애착관계 형성 팁 ★

워킹맘들은 보통 어린 시절부터 자녀들을 할머니나 친지 또는 선생님들에게 맡기기 때문에 잘못하면 엄마의 위치가 자녀에게 그분들 다음으로 인식되고, 엄마가 데리러 가면 그분들과 떨어진다고 우는 경우도 있다고 합니다.

아빠의 경우는 더 심해서 할머니집에 함께 사는 친척보다도 낮게 인식되는 경우가 있다고 합니다.

하지만 몇가지 팁을 통해 워킹맘, 그리고 아빠들도 자녀와의 올바른 애착관계를 형성할 수 있습니다.

1. 아이가 운다고 몰래 출근하지 말고, 시간이 걸려도 상황을 충분히 설명해주고 출근하기
2. 규칙적으로 전화해서 엄마, 아빠의 목소리를 들려주거나 영상통화로 보여주기
3. 퇴근해서 아이를 보자마자 무조건 먼저 안아주기
4. 주말에는 아이와 함께 몸을 쓰며 놀아주기 (특히나 아빠들!!)
5. 1~2주일에 한 번이라도 온 가족이 교회에서 함께 앉아 같은 자리에 예배하고, 간단히 시내나 시외에 나들이하기

기도 체크표

각 회차 기도한지 5일이 지났습니다.
5일 동안 기도하면서 경험한 변화를 기록해보세요.
당신이 기도한 만큼 장래가 보장된 아이로 성장할 것입니다.

횟수	날짜	자신이나 아이에게 나타난 변화
1 회		
2 회		
3 회		
4 회		
5 회		
6 회		
7 회		
8 회		
9 회		
10 회		
11 회		
12 회		

6

주님,
좋은 상사와
동료를 만날 수 있게
하소서

좋은 얼굴을 추천장이라고 한다면,
좋은 마음은 신용장이라고 할 수 있다.
- 리튼 -

먼저 말씀을 묵상합시다.

"또 참으로 나와 멍에를 같이한 네게 구하노니 복음에 나와 함께 힘쓰던 저 여인들을 돕고 또한 글레멘드와 그 외에 나의 동역자들을 도우라 그 이름들이 생명책에 있느니라"(빌립보서 4:3)

"Yes, and I ask you, loyal yokefellow, help these women who have contended at my side in the cause of the gospel, along with Clement and the rest of my fellow workers, whose names are in the book of life."

날마다 좋은 것으로 풍요케 하시는

능력과 위로의 주님을 찬양합니다.

어떤 어려움 가운데서도 주님을 바라보며

의지할 수 있는 믿음을 주소서.

특별히 이 시간 좋은 상사와

동료를 만나기 위해 기도합니다.

워킹맘으로 살아가는 것은 결코

해가 되는 일도, 잘못도 아닙니다.

그러나 사회 여건과 아직 부족한 인식 탓에

때로는 불합리한 상황에 처할 때가 있습니다.

주님, 이런 상황에 처하지 않도록

저와 저희 회사의 워킹맘들을

지키고 도와주소서.

워킹맘들의 어려움을 잘 이해하는 상사를

만나게 해주시고,

이런 처지를 잘 이해하며 때때로
도움을 주는 배려심 있는 직장 동료들을
만나게 해주소서.
서로의 상황과 처지를 이해하며
능력껏 돕는 좋은 팀워크가 있는
직장과 부서가 되도록
주님께 간구합니다.

참된 휴식과 평안을 누릴 수 있는 곳은
오직 주님의 품 안뿐입니다.
어머니로써, 또 직장인으로써의
저의 모든 기도 제목과 어려움,
또 기쁨과 감사의 제목까지
모두 주님께 아뢰고 응답받기를 원합니다.
예수님의 이름으로 기도합니다.
아멘.

7
주님,
육아와 직장생활이
조화를 이루게 하소서

내가 가장 행복했을 때는
바로 나의 아이가 태어났을 때였다.
- 낸시 펠로시 -

먼저 말씀을 묵상합시다.

"보라 자식들은 여호와(하나님)의 기업이요 태의 열매는 그
의 상급이로다"(시편 127:3)

"Sons are a heritage from the LORD, children a
reward from him."

"보라 내가 너희를 보냄이 양을 이리 가운데로 보냄과 같도
다 그러므로 너희는 뱀 같이 지혜롭고 비둘기 같이 순결하라"
(마태복음 10:16)

"I am sending you out like sheep among wolves.
Therefore be as shrewd as snakes and as innocent
as doves."

주님, 우리의 죄를 용서하시고
우리에게 영원한 생명을 주심을 찬양합니다.

저에게 보배와 같은 **아이**를 허락하여
맡겨주심을 감사드립니다.

아이가 주님이 주신 기업이자,
또 상급이라고 말씀하신 주님(시 127:3),

주님의 명령을 따라 **아이**를
온전히 믿음으로 키우게 하소서.

그리고 회사에서는 또한 직원으로써
감당할 수 있는 능력을 주셔서
주님이 주신 사명을 가지고 직장에서도
힘써 일하는 성도의 삶을 감당하게 하소서.

일을 하는 것도 주님의 뜻 가운데 있고,
가사와 육아도 주님의 뜻 가운데 있음을

삶을 감당하는 가운데 알게 하시고,

육아와 직장생활이 건강한 조화를 이루도록

지혜와 체력을 주시어

균형 잡힌 삶을 살게 하소서.

이 일들을 감당하는 가운데

주님과 더욱 동행하게 하시고,

주님을 향한 순전한 마음으로

뱀같이 지혜롭게 일하며

조화를 이룰 수 있도록 하소서.

가족과 직장 동료들의 마음도 움직여

더 나은 상황과 조건을 만들어 주소서.

예수님의 이름으로 기도합니다. 아멘!

8
주님,
아이가 나쁜 친구들을
만나지 않게
하소서

친구를 갖는다는 것은 또 하나의 인생을 갖는 것이다.
- 그라시안 -

먼저 말씀을 묵상합시다.

"내 아들아 악한 자가 너희를 꾈지라도 따르지 말라"
(잠언 1:10)

"My son, if sinners entice you, do not give in to them."

"청년이 무엇으로 그의 행실을 깨끗하게 하리이까 주의 말씀만 지킬 따름이니이다"(시편 119:9)

"How can a young man keep his way pure? By living according to your word."

"많은 친구를 얻는 자는 해를 당하게 되거니와 어떤 친구는 형제보다 친밀하니라"(잠언 18:24)

"A man of many companions may come to ruin, but there is a friend who sticks closer than a brother."

험한 산과 골짜기를 다닐지라도
항상 우리를 지켜주시는 주님께 감사드립니다.
우리 **아이**가 거룩한 말과 행실을 지키는
주님의 경건한 **아이**로 성장하게 하소서.

하나님의 말씀을 지키는 것이 행실과 마음을
깨끗하고 거룩하게 하는
유일한 방법입니다, 주님!(시 119:9).
아이의 마음속에 늘 주님의 말씀이 거하며
떠나지 않게 하소서.

또한 학교생활을 하며, 사회생활을 할 때
여러 친구들로부터
나쁜 유혹을 받게 될 때도 많습니다.
세상의 문화와 매스미디어는
점점 더 타락하게 하고 있습니다.

세상과 다른 친구들의 악한 꾐과
영향력으로부터

우리 **아이**를 지켜 보호해 주시고,
옳게 분별하고 판단할 수 있는 지혜를 주소서.

세상과 섞이는 것이 아니라
세상과 구별될 수 있는 **아이**가 되게 하시고
나쁜 영향력을 받기보다는
선한 영향력을 주고,
함께 선을 행하는 요나단과 같은
귀한 친구를 만나게 인도하소서.
예수님의 이름으로 기도합니다. 아멘!

9

주님,
같은 워킹맘인
믿는 좋은 친구를
만나게 하소서

친구를 얻는 유일한 방법은
스스로 완전한 친구가 되는 것이다.
- 에머슨 -

먼저 말씀을 묵상합시다.

기름과 향이 사람의 마음을 즐겁게 하나니 친구의 충성된 권고가 이와 같이 아름다우니라"(잠언 27:10)

"Do not forsake your friend and the friend of your father, and do not go to your brother's house when disaster strikes you-- better a neighbor nearby than a brother far away"

칠흑같이 어두운 세상 가운데서 희망을 주시며
언제나 저를 푸른 초장, 쉴만한 물가로
인도해주시는 주님, 감사합니다.

주님, 저와 비슷한 상황에 있는
좋은 친구를 만나게 해주소서.
같은 상황 속에서 서로 이해하고, 위로하며,
좋은 정보도 나누며 믿음의 교제를 할 수 있는
좋은 친구를 주님의 인도와 섭리로
만나게 되기를 기도합니다.

사람의 마음을 즐겁게 하는 기름과 향처럼,
주님의 지혜로 충성된 대화를 해줄 수 있는
진심 어린 친구를 만나게 하시며(잠 27:10)
서로를 격려하며 함께 보듬어가고
직장과 가정을 위해 열심히 헌신하는

같은 믿음의 친구가 되게 하소서.

때로는 홀로 이겨내기 힘든 고충이 있습니다.
그런 상황 가운데서 함께 뭉칠 수 있는
친구가 되게 하시고,
어려움도 함께 의논하며 마음을 터놓을 수 있는
좋은 친구를 만나게 하시고,
서로를 위해 기도하며, 교제하는 가운데
하나님께서 예비하신 영육의 큰 복을 받아
누리며 나누는 복된 삶이 되게 하소서.
저도 그런 친구가 되게 하소서.
예수님의 이름으로 기도합니다. 아멘!

10

주님,
직장생활에 필요한
지혜를 주소서

현명한 사람은 그가 발견하는
이상의 많은 기회를 만든다.
- 베이컨 -

먼저 말씀을 묵상합시다.

"보라 내가 너희를 보냄이 양을 이리 가운데로 보냄과 같도
다 그러므로 너희는 뱀 같이 지혜롭고 비둘기처럼 순결하라"
(마태복음 10:16)

"I am sending you out like sheep among wolves.
Therefore be as shrewd as snakes and as innocent
as doves"

"여호와(하나님)께서 요셉과 함께 하시므로 그가 형통한 자
가 되어 그의 주인 애굽 사람의 집에 있으니 그의 주인이 여
호와께서 그와 함께 하심을 보며 또 여호와께서 그의 범사에
형통하게 하심을 보았더라"(창세기 39:2-3)

"The LORD was with Joseph and he prospered, and
he lived in the house of his Egyptian master. When
his master saw that the LORD was with him and that
the LORD gave him success in everything he did"

구하면 꾸짖지 않고 지혜를 후히 주시는
주님께 큰 영광과 감사를 드립니다.

주님, 직장에서의 삶은 많은 지혜가 필요합니다.
주님이 주신 지혜로 세상에서의 많은 문제를
선한 방법과 선한 행동으로 해결해 나가게
인도해 주시어, 주님께 영광 돌리게 하소서.

험악한 세상에서의 성도의 삶을 걱정하시며,
그 가운데 지혜를 주시고 격려하셨던 주님,
또한 비둘기 같은 순결함을 요구하셨던 주님,
그 주님의 말씀을 따라 직장에서
성도로써 승리하기를 원합니다.

그리스도인임을 직장생활 가운데서도
당당하게 나타낼 수 있게 하시고,

주님의 이름에 흠이 되지 않게 정직하게,
지혜롭게, 열의 있게 모든 일을 맡아
처리할 수 있게 능력 주시고 도와주소서.

요셉의 일거수일투족에 함께 하심으로
어디서나 형통하게 하셨던 것처럼
직장에서의 모든 것을 주님과 함께 함으로
범사에 형통하게 하실 줄 믿습니다(창 39:2).
그리고, 어느 날 직장에서 선한 영향력을 끼치는
자리에서 일하게 해주실 줄 믿습니다.
예수님의 이름으로 기도합니다. 아멘!

★ 자녀를 위한 최고의 교육법 ★

자녀의 인지력과 어휘력을 늘려줄 수 있는 획기적인 교육법이 있습니다. 그리고 편식을 고치고 식습관을 개선해주기도 합니다. 심지어는 학교 성적도 더 좋아집니다. 이 교육법을 받은 아이는 자라나서 중독에 빠질 위험도 적어집니다.

이 교육법은 바로 '온가족이 함께 하는 식사'입니다.

미국 미네소타대학교의 연구에 따르면 가족과 함께하는 식사 횟수가 높을수록 아이들은 골고루 음식을 섭취했으며, 하버드 대학교의 연구에 따르면 튀긴 음식이나 탄산음료를 덜 먹는다고 합니다. 세 살 어린이가 책을 통해 배우는 단어는 1,500개인데, 식사를 통해 배우는 단어는 1,000개가 넘습니다. 가족이 함께 하는 식사는 자녀를 위한 최고의 교육법입니다.

다만 식사시간이 서로를 격려하며 약간 과장하더라도 적극적으로 대화를 나눌 때 이런 효과들이 생기지, 부부가 싸우고 자녀에게 핀잔을 주면 오히려 역효과가 날 수도 있으니 반찬보다도 분위기에 더욱 신경을 써야 합니다.

기도 체크표

각 회차 기도한지 10일이 지났습니다.
10일 동안 기도하면서 경험한 변화를 기록해보세요.
당신이 기도한 만큼 장래가 보장된 아이로 성장할 것입니다.

횟수	날짜	자신이나 아이에게 나타난 변화
1 회		
2 회		
3 회		
4 회		
5 회		
6 회		
7 회		
8 회		
9 회		
10 회		
11 회		
12 회		

11

주님,
직장에서는 성공,
가정에서는
행복하게
하소서

최대 다수의 최대 행복을 얻는
행동이 최선이다.
- 허치슨 -

먼저 말씀을 묵상합시다.

"이 땅에 거류하면 내가 너와 함께 있어 네게 복을 주고 내가 이 모든 땅을 너와 네 자손에게 주리라"(창세기 26:3)

"Stay in this land for a while, and I will be with you and will bless you. For to you and your descendants I will give all these lands and will confirm the oath I swore to your father Abraham.

"이로써 그리스도를 섬기는 자는 하나님을 기쁘시게 하며 사람에게도 칭찬을 받느니라"(로마서 14:18)

"Because anyone who serves Christ in this way is pleasing to God and approved by men."

24시간 내내 우리를 돌보시는 주님,
우리 가정도 변함없이 지키시고
큰 복 주시니 감사하며 기도합니다.
온 가정이 주님을 사모하고
화목했던 고넬료의 가정처럼
하나님의 사랑과 성령님의 임재가
넘치는 가정으로 인도해주소서.

적응해나가기 쉽지 않은 사회생활 속에서
주님은 저의 든든한 반석이 되어주심을
감사합니다.
주님께서 저에게 좋은 직장을 허락하셨고,
또한 너무나 귀한 가정을 허락하셨습니다.
그러므로 주님, 우리 가정을 통해 주님이
허락하신 비전과 행복을 누려나가게 하소서.

저뿐 아니라 모든 가족이 각자의 자리에서
최선을 다하며 서로를 격려하며
하나님의 크신 뜻을 알기를 원합니다.

주님이 명령하시는 곳에 거할 때
넘치는 복을 가정과 후손에게 주신다고
우리에게 약속하신 주님!(창 26:3)
주님의 그 약속의 말씀이 제 안에 있을 때,
또한 우리 가정 안에 있을 때,
말씀으로 인해 꿈을 꾸게 하시고,
말씀으로 인해 이루어지게
우리 가정 모두를 인도하여 주소서.
예수님의 이름으로 기도합니다. 아멘.

12

주님,
멋진 엄마이자
멋진 직원이
되게 하소서

할 수 있는 한 훌륭한 인생을 만들라.
인생은 짧고 곧 지나간다.
- 오울디즈 -

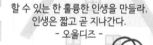

먼저 말씀을 묵상합시다.

"내 딸아 두려워하지 말라 내가 네 말대로 네게 다 행하리라 네가 현숙한 여자인 줄을 나의 성읍 백성이 다 아느니라"(룻기 3:11)

"And now, my daughter, don't be afraid. I will do for you all you ask. All my fellow townsmen know that you are a woman of noble character."

"인자와 진리가 네게서 떠나지 말게 하고 그것을 네 목에 매며 네 마음판에 새기라 그리하면 네가 하나님과 사람 앞에서 은총과 귀중히 여김을 받으리라"(잠언 3:3-4)

"Let love and faithfulness never leave you; bind them around your neck, write them on the tablet of your heart. Then you will win favor and a good name in the sight of God and man."

우리에게 영원한 생명을 주시고

언제나 좋은 것을 주시는 주님을 찬양합니다.

주님, 성도는 세상의 빛이라고 하셨습니다.

저로 하여금 이 땅의 빛이 되게 하소서.

가정에서는 멋진 엄마로 빛나게 하시고,

회사에서는 멋진 능력으로 빛나게 하소서.

진리의 말씀을 가정에서도,

직장에서도 잊지 않게 하시고,

그 말씀을 마음판에 새김으로

때에 맞는 귀한 지혜의 능력으로

모든 일을 제대로 처리하고

사람들에게 귀히 여김을 받게 해주소서(잠 3:3-4).

힘든 직장생활 가운데서도,

가정생활에서 갈등이 종종 생길 때에도

주님이 약속하신 말씀을 결코 잊지 않게 하시고
하나님께 지혜를 구하게 하시고
그 지혜로 모든 것을 처리해나갈 수 있게
마음을 주장하여 주소서.

하나님을 향한 흔들림 없는 믿음으로,
모든 사람에게도, 시어머니에게도
현숙한 여인으로 인정받던 룻과 같은 평가를
받게 해주소서(룻 3:11).

가정에서는 **아이**에게 본이 되고,
직장에서는 다른 사람에게 본이 되게
저를 세워주소서.
예수님의 이름으로 기도합니다. 아멘.

13

주님,
승진의 기회를
놓치지 않게
하소서

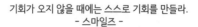

기회가 오지 않을 때에는 스스로 기회를 만들라.
- 스마일즈 -

먼저 말씀을 묵상합시다.

"왕이 이에 다니엘을 높여 귀한 선물을 많이 주며 그를 세워 바벨론 온 지방을 다스리게 하며 또 바벨론 모든 지혜자의 어른을 삼았으며"(다니엘 2:48)

"Then the king placed Daniel in a high position and lavished many gifts on him. He made him ruler over the entire province of Babylon and placed him in charge of all its wise men."

"왕이 드디어 사드락과 메삭과 아벳느고를 바벨론 지방에서 더욱 높이니라"(다니엘 3:30)

"Then the king promoted Shadrach, Meshach and Abednego in the province of Babylon."

겸손한 사람을 높이시는 주님을 찬양합니다.

아직 우리 사회에서는 여자의 지위가

불안함을 느낍니다.

승진에서도, 육아에서도, 그리고 일반적인

업무에서도 은연 중에

차별과 불리함을 느끼는 것도 사실입니다.

하지만 주님, 이 모든 어려움이 있는 현실을

극복하게 하고 뛰어넘게 하실 주님을

믿고 신뢰합니다.

막대기뿐인 목동 삼갈을

사사로 사용하시고(삿 3:31)

어부였던 베드로를 제자로 삼아주시고,

작고 약한 삭개오를 새롭게 변화시키셨던 주님,

그 주님을 믿고 경배하며 찬양하기에

저를 결국은 푸른 초장으로 인도하실 줄 믿으며

오늘 하루도 기쁜 마음으로 살아가며
감사한 마음으로 살아가게 하소서.

포로였던 다니엘과 세 친구를 통해
하나님을 드러내신 것 같이
사회적 약자들을 통해
큰 역사를 행하셨던 주님(단 3:30)
저를 통해서도 회사에서의 길을
날이 갈수록 형통케 하실 줄을 믿습니다.
주신 은혜를 통해 하나님을 위한 일로
쓰임 받게 하소서.
예수님의 이름으로 기도합니다. 아멘!

14

주님,
가정과 직장에서
그리스도의 향기를
전하게
하소서

인내란 모든 것의 문을 여는 열쇠다.
- 라 퐁테에드 -

먼저 말씀을 묵상합시다.

"항상 우리를 그리스도 안에서 이기게 하시고 우리로 말미암아 각처에서 그리스도를 아는 냄새를 나타내시는 하나님께 감사하노라"(고린도후서 2:14)

"But thanks be to God, who always leads us in triumphal procession in Christ and through us spreads everywhere the fragrance of the knowledge of him."

"우리는 구원 받는 자들에게나 망하는 자들에게나 하나님 앞에서 그리스도의 향기니"(고린도후서 2:15)

"For we are to God the aroma of Christ among those who are being saved and those who are perishing."

주님, 우리를 위해 목숨까지 주시면서
십자가에서 그 사랑을 증명해 주심을
감사하며, 주님을 송축합니다.

주님, 날마다 주님을 향한 사랑을 고백합니다.
매일매일, 일상의 삶을 통해
주님의 사랑을 고백하며 삶으로
다른 사람에게 주님을 전하기를 원합니다.

주님, 저의 가정과 직장의 주인이 되어 주소서!
저의 모든 노력과 수고, 땀과 눈물을 통해
오직 주님을 높여드리길 원하고,
저의 모든 삶 가운데 주님께서 임하여 주소서.

주님이 보내신 곳에서 맡기신 일에
최선을 다하는 것이

바로 주님과 저를 높이는 일임을 알게 하시고,
주님의 말씀처럼 가정과 직장, 양쪽 모두에서
주님의 향기를 날리게 하시고 그로 인해
삶 가운데 감사가 충만하게 하소서(고후 2:14).

주님의 향기가 퍼짐으로 인해 저의 가정이
더욱 화목하게 하여 주시고,
주님을 더욱 알아가는 믿음의 가정이
되게 하소서.
또한 직장에서도 성도로서 좋은 이미지를
쌓게 함으로 영육 간에 모두 인정받는
아름다운 열매를 맺게 해주소서.
예수님의 이름으로 기도합니다. 아멘.

15

주님,
워킹맘으로의
모든 필요가 채워지게
하소서

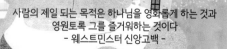

사람의 제일 되는 목적은 하나님을 영화롭게 하는 것과
영원토록 그를 즐거워하는 것이다
- 웨스트민스터 신앙고백 -

먼저 말씀을 묵상합시다.

"아무 것도 염려하지 말고 다만 모든 일에 기도와 간구로 너희 구할 것을 감사함으로 하나님께 아뢰라"(빌립보서 4:6)

"Do not be anxious about anything, but in everything, by prayer and petition, with thanksgiving, present your requests to God."

"여호와(하나님)는 나의 목자시니 내게 부족함이 없으리로다"(시편 23:1)

"The LORD is my shepherd, I shall not be in want."

필요한 모든 것을 이미 아시고
풍성히 채우시는 주님께 감사를 드립니다.
가장 결핍한 가운데서도 부족함을 채우시는
주님을 목자로 고백한 다윗의 고백이
오늘 저와 저희 가정의 고백이 되기를
기도합니다(시 23:1).

지금까지 지내온 것이
오직 주님의 은혜입니다.
처한 상황에 관계없이 언제나 저와
저희 가정을 돌보시는 주님이 계심을 알고,
또한 흔들림 없이 주님을 믿고 의지함으로
오로지 감사와 찬양만을 제 삶 가운데
채워주소서.

주님의 뜻을 바로 알게 하시고,

먼저 그 나라와 의를 구하게 하소서.

주님을 바라보는 가운데 모든 것을 채우시는

하나님의 섭리를 통해

세상 사람들이 주님의 놀라우신 능력과

사랑을 알게 되길 원합니다(마 6:33).

근심은 주님이 주시는 마음이 아닙니다.

눈 앞의 작은 시험으로 인해 주님을 의심하고,

또한 걱정과 근심하지 않게 하시고

오직 기도와 간구로 구할 것을 아뢰고

주님만을 위해 사는 삶으로 응답받게 하소서.

예수님의 이름으로 기도합니다. 아멘.

★ 거짓말하는 습관 바로잡기 ★

어른들이 볼 때는 아이들이 하는 거짓말이 바로 눈에 보입니다. 엄마들도 자녀를 키우다보면 어느 순간부터 거짓말을 점점 많이 하고 있다는 느낌이 들 때가 있습니다. 그러나 그럴 때 거짓말을 했다고 무조건 혼을 내는 것보다는 원인을 찾아보는 것이 더 좋습니다.

아이들은 크게 2가지 상황에서 거짓말을 합니다.
첫째, 어려운 상황을 피하기 위해서
둘째, 자신감이 떨어졌을 때

거짓말을 무조건 혼내고 야단치는 것은 임시방편일 뿐 진정한 해결책은 아닙니다. 일단 첫 번째 이유인 것 같다면 문제 해결을 도와주는 방향으로 대화를 유도하고 어휘력을 기를 수 있는 책을 읽어주거나 사소한 대화를 많이 해주는 것이 좋습니다.
그리고 두 번째 이유라면 결과보다 과정이 중요하다는 것을 평소에 자주 말해주고 특히나 아주 작은 실수라도 바로 인정함으로 정직에 대한 본을 먼저 보여주는 것이 중요합니다.

기도 체크표

각 회차 기도한지 15일이 지났습니다.
15일 동안 기도하면서 경험한 변화를 기록해보세요.
당신이 기도한 만큼 장래가 보장된 아이로 성장할 것입니다.

횟수	날짜	자신이나 아이에게 나타난 변화
1 회		
2 회		
3 회		
4 회		
5 회		
6 회		
7 회		
8 회		
9 회		
10 회		
11 회		
12 회		

16

주님,
매 순간 주님과
동행하게 하소서

말은 인간이 사용하는 약 중에서 가장 약효가 세다.
- 루디야드 키플링 -

먼저 말씀을 묵상합시다.

"내가 사망의 음침한 골짜기로 다닐지라도 해를 두려워하지 않을 것은 주께서 나와 함께 하심이라 주의 지팡이와 막대기가 나를 안위하시나이다"(시편 23:4)

"Even though I walk through the valley of the shadow of death, I will fear no evil, for you are with me; your rod and your staff, they comfort me."

"… 볼지어다 내가 세상 끝날까지 너희와 항상 함께 있으리라 하시니라"(마태복음 28:20)

"… I have commanded you. And surely I am with you always, to the very end of the age."

저를 눈동자처럼 지켜 보호해주시는 주님,
어떤 어려운 곳에 있을지라도 함께하시는 주님,
언제나 저를 찾으시고 또 만나주시는 주님,
감사드리며, 매일의 삶이 주님과 동행하기를
간절히 원하고 간구합니다.

바쁜 직장생활 가운데 있다 보면 때로는
가정보다 직장에 신경을 더 써야 할 때가
있습니다.
또한 일에 집중하느라 고단한 몸과 마음으로
집으로 돌아갈 때도 많습니다.

그러나 주님, 이런 상황 가운데에도
주님과 대화를 소홀히 하지 않도록 저의 상황을
이끌어주시고 몸과 마음을 소생시켜주소서.
그 힘으로 자녀와의 대화도 제 삶의

활력이 되게 하시고, 서로를 더 잘 이해하고
돈독한 부모와 자녀 관계의 기반이 되는
귀하고 소중한 시간이 되게 하소서.
서로 간의 불만과 아쉬움을 토로하기보다는
격려와 위로, 그리고 서로를 향한 사랑을
드러내는 시간이 되게 하시고
소소한 일상도 공유하는 따스한 시간이
저의 가정 속에 있게 하소서.

말 한 마디라도 주님을 생각하며
따스하게 사랑을 담게 하시고
마음으로 품을 수 있는 여유와 성품을
허락하여주소서.
예수님의 이름으로 기도합니다. 아멘.

17

주님,
가족이 제 상황을
이해하고 적절히
돕게 하소서

육아를 몇 사람이
분담하지 못할 이유는 없다.
- H. R. 셰퍼 -

먼저 말씀을 묵상합시다.

"그의 자식들은 일어나 감사하며 그의 남편은 칭찬하기를 덕행 있는 여자가 많으나 그대는 모든 여자보다 뛰어나다 하느니라"(잠언 31:28,29)

"Her children arise and call her blessed; her husband also, and he praises her; Many women do noble things, but you surpass them all."

"너희가 짐을 서로 지라 그리하여 그리스도의 법을 성취하라"(갈라디아서 6:2)

"Carry each other's burdens, and in this way you will fulfill the law of Christ."

제 모든 상황과 생각을 알고 계시는 주님,
그 가운데 임하시고 위로하시고 인도하시는
주님을 찬양합니다.
오늘은 남편을 위해 기도합니다.

먼저는 가장으로서 남편의 권위를
제가 인정하게 하시고,
하나님이 세우신 가정의 원리에 따라
남편을 이해하며 돕고, 또 세울 줄 아는
아내가 되게 하소서.

그러나 또한 주님,
남편도 저의 상황을 이해하며
좋은 조력자로 협력하는 모습을
보여주게 하소서.

힘든 직장생활 가운데 최선을 다해
가정에서 헌신하는 제 노력을 잊지 않게 하시고,
남편도 할 수 있는 노력으로
저를 돕게 해주소서.

브리스길라와 아굴라 부부처럼 함께
믿음으로 주님을 더욱 알아가고,
서로를 위해 주님께 기도하며
할 수 있는 모든 노력을 도우며
하나님이 주신 아름다운 가정을 꾸려가고
또 각자에게 주신 좋은 소망을 이루어가는
놀라운 복이 임하는 부부가 되게 하소서.
예수님의 이름으로 기도합니다. 아멘.

18

주님,
피곤하다는 이유로
교회생활을 소홀히
하지 않게 하소서

마음을 위대한 일로 이끄는 것은 오직 열정뿐이다.
- 드니 디드로 -

먼저 말씀을 묵상합시다.

"그런즉 너희는 먼저 그의 나라와 그의 의를 구하라 그리하면 이 모든 것을 너희에게 더하시리라"(마태복음 6:33)

"But seek first his kingdom and his righteousness, and all these things will be given to you as well."

신령과 진정으로 예배하는 사람을
언제나 찾으시는 주님,
주님께서 십자가에서 흘리신 보혈로
저의 모든 죄를 용서해주심을 감사하며
하나님의 자녀 되게 해주심도 경배합니다.
주님께 합당한 삶으로 영광 돌리기 원합니다.

처음 주님을 만났을 때의 그 첫사랑을
지금도 온전히 회복하게 되기를 기도합니다.

독생자를 아끼지 않고 보내주신 하나님의
그 사랑, 저를 위해 십자가에 달리신 예수님의
놀라우신 그 사랑,
언제나 제 마음 속을 떠나지 않게 하시고
어떤 어려움 가운데서도
주님과 믿음을 우선으로 놓게 하소서.

주님이 제 마음의 최우선이 되기를 원합니다.
일하면서 쌓인 스트레스, 가사 일의 피곤함이
있을지라도 주님을 위해 헌신하며
교회 일을 소홀히 하지 않게 하시고
주님을 예배하는 일을 포기하지 않게 하소서.

주님의 나라와 의를 구함으로 제 영혼이
새롭게 소생될 줄 믿습니다.
그 일 가운데 주님께서 부어주시는
놀라운 감사와 찬양이
제 삶에 언제나 넘쳐나게 하소서.
예수님의 이름으로 기도합니다. 아멘.

19

주님,
자기 연민의 감정에
빠지지 않게
하소서

사랑받고 싶다면 다른 사람을 사랑하고,
사랑스러운 사람처럼 행동하라.
- 벤자민 프랭클린 -

먼저 말씀을 묵상합시다.

"자기 자신은 광야로 들어가 하룻길쯤 가서 한 로뎀 나무 아래에 앉아서 자기가 죽기를 원하여 이르되 여호와여 넉넉하오니 지금 내 생명을 거두시옵소서 나는 내 조상들보다 낫지 못하니이다 하고 로뎀 나무 아래에 누워 자더니 천사가 그를 어루만지며 그에게 이르되 일어나서 먹으라 하는지라"(열왕기상 19:4,5)

"While he himself went a day's journey into the desert. He came to a broom tree, sat down under it and prayed that he might die. "I have had enough, LORD," he said. "Take my life; I am no better than my ancestors." Then he lay down under the tree and fell asleep. All at once an angel touched him and said, "Get up and eat."

모든 세상을 말씀으로 창조하신
주님의 전지전능하심을 찬양합니다.
하나님의 놀라운 계획과 섭리와 손길로
저를 창조하셨음을 한 순간도 잊지 않고
언제나 하나님의 자녀로 당당한 자신감과
자존감을 잃지 않게 도와주소서.

주님, 회사에서 때로는 자존심 상하는 일을
당할 때가 있습니다,
가정에서도 그 상처가 치유되지 않을 때가
있습니다.
그렇게 너무나 지치고 힘들 때,
저를 위로하시고 보듬어주시는
주님이 계심에도,
행복하고 따스한 가정이 있음에도,
그 사실을 잊고 슬픈 감정에

빠질 때가 있습니다.

하지만 그런 순간이 올 때
더욱 주님을 의지하게 하시고,
주님이 허락하신 놀라운 큰 복들,
특히나 제 삶과 우리 가정에 부어주신
가장 귀한 복을 되새기며
다시 이겨낼 힘을 얻게 하소서.

놀라운 승리를 거두고도 심신이 지친 엘리야에게
천군천사를 보내 회복시키신 주님께서
저의 삶에도 필요한 순간마다
마음과 영혼과 건강을 어루만져 주소서.
예수님의 이름으로 기도합니다. 아멘.

20

주님,
퇴근 시간이
잘 지켜지게 하소서

⏰ 6 PM

노동 뒤의 휴식이야말로
가장 편안하고 순수한 기쁨이다.
- 칸트 -

OFF

먼저 말씀을 묵상합시다.

"나 여호와(하나님)가 의로 너를 불렀은즉 내가 네 손을 잡아 너를 보호하며 너를 세워 백성의 언약과 이방의 빛이 되게 하리니" (이사야 42:6)

"I, the LORD, have called you in righteousness; I will take hold of your hand. I will keep you and will make you to be a covenant for the people and a light for the Gentiles,"

"네게 있는 믿음을 하나님 앞에서 스스로 가지고 있으라 자기가 옳다 하는 바로 자기를 정죄하지 아니하는 자는 복이 있도다" (로마서 14:22)

"So whatever you believe about these things keep between yourself and God. Blessed is the man who does not condemn himself by what he approves."

나보다 나를 더 잘 아시며

언제나 필요를 채우시는 주님, 감사합니다.

때론 바쁜 회사 일과 가정 일로 너무나

정신없을 때가 많지만

그럼에도 주님은 모든 것을 아시며

모든 것을 예비하고 계심을 믿습니다.

주님, 워킹맘으로 퇴근한 이후의 시간은

균형 잡힌 삶을 사는데 정말 중요합니다.

미처 하지 못한 일로 야근을 하지 않도록

제 일을 주어진 시간에 다 할 수 있는

지혜와 능력과 열심을 주시고,

상사들과 동료들, 그리고 후배들로부터

불이익을 당하지 않게 도와주소서.

또한 별 의미 없는 회식으로 가정생활에

소홀해지지 않도록 환경을 도와주시고,

특별한 저의 상황을 회사와 동료들이

이해하도록 사람들의 마음과

회사의 환경까지 주장하여 주소서.

꼭 필요한 출장이면 어쩔 수 없지만

가정에 지장을 줄 정도로 자주,

또 멀리까지 가야 하는 출장은

주님의 권능으로 막아주소서.

아이를 키우면서도

당당히 회사생활을 할 수 있도록

모든 환경, 사람들의 마음까지도

주님께서 주관해주소서.

예수님의 이름으로 기도합니다. 아멘.

★ 스마트한 육아를 도와주는 7가지 방법 ★

아이를 키우고 관리하는 일에만 정신이 팔리다보면 정작 가장 중
요한 육아의 기본 목적에 대해서 잊게 될 때가 많습니다.
전업주부에 비해 짧은 시간이지만 자녀와 부모를 모두 행복하게
할 수 있는 7가지 육아의 팁을 실천해보세요.

1. 아이의 눈높이에 맞춰 마음껏 대화하기
2. 하루에 몇십 분이라도 아이만을 위한 시간 가져주기
3. 아이들의 친구에 대해서 관심 가지기
4. 아이와 함께 할 수 있는 취미 만들기
5. 표현이나 말이 좀 느리더라도 사랑스러운 표정으로 기다려주기
6. 아빠 또는 어른과 친해질 수 있는 시간 마련해주기
7. 하루에 두 번 이상 통화하기

위 사항 중에 어려울 것 같은 것은
같이 아이를 키우는 분들에게나, 인터넷 검색에서 아이디어를 찾
아서 아주 잘 하려고 하지 말고, 내가 할 수 있을 만큼 최선을 다
하다보면 머잖아 아주 잘하는 엄마가 될 수 있습니다.

기도 체크표

각 회차 기도한지 20일이 지났습니다.
20일 동안 기도하면서 경험한 변화를 기록해보세요.
당신이 기도한 만큼 장래가 보장된 아이로 성장할 것입니다.

횟수	날짜	자신이나 아이에게 나타난 변화
1 회		
2 회		
3 회		
4 회		
5 회		
6 회		
7 회		
8 회		
9 회		
10 회		
11 회		
12 회		

21

주님, 아이를
잘 양육할 수 있게
상황을 만들어
주소서

가족은 다른 모든 사회 영역의 상징이다.
- 안나 퀸드랜 -

먼저 말씀을 묵상합시다.

"여호와(하나님)께서 한나를 돌보시사 그로 하여금 임신하여 세 아들과 두 딸을 낳게 하셨고 아이 사무엘은 여호와(하나님) 앞에서 자라니라"(사무엘상 2:21)

"And the LORD was gracious to Hannah; she conceived and gave birth to three sons and two daughters. Meanwhile, the boy Samuel grew up in the presence of the LORD."

늘 좋은 것을 주시고 예비하시는 주님을

온 마음으로 찬양합니다.

사람의 생각을 뛰어넘어 역사하시는 주님,

아브라함을 위해 약속의 땅을 예비하신 것처럼 약속

대로 사라를 돌보아주신 것처럼(창 21:1).

저의 직장이 하나님이 예비하신 장소가

되기를 기도합니다.

예전과는 달리 많은 회사에서

워킹맘들을 위한 제도들이

점점 좋아지고 있습니다.

그러나 아직도 여전히 부족하고,

혜택을 제대로 받지 못할 때가 있습니다.

저뿐 아니라 모든 워킹맘들이

온전한 혜택으로 행복한 가정을 꾸릴 수 있게

회사에 좋은 보육시설과 제도들이
생겨나게 하시고, 국가적으로도 좋은 정책들이
생겨나게 해주소서.

때로는 맡길 곳을 찾지 못하거나,
아이를 제때 데려가지 못해
어려움을 겪을 수도 있는데,
그런 일들을 통해 **아이**의 마음이
상하지 않게 하시고
적당한 때와 장소를 예비하시는
놀라운 하나님의 손길을 체험하게 하소서.
예수님의 이름으로 기도합니다. 아멘.

22

주님,
아이가 부모의 사랑을
느낄 수 있게 하소서

어머니는 우리 마음에 온화함을 주고 아버지는 빛을 준다.
- 장 파울 -

먼저 말씀을 묵상합시다.

"사라가 이르되 하나님이 나를 웃게 하시니 듣는 자가 다 나와 함께 웃으리로다"(창세기 21:6)

"Sarah said, "God has brought me laughter, and everyone who hears about this will laugh with me.""

"자식들은 여호와(하나님)의 기업이요 태의 열매는 그의 상급이로다"(시편 127:3)

"Sons are a heritage from the LORD, children a reward from him.""

우리의 모든 죄를 용서하기 위해

십자가에서 죽으시고 부활하셔서

그때 흘리신 보배로운 피로

우리의 모든 죄를 용서해 주시고,

우리를 하나님의 자녀로 삼아 주심을

감사하며 경배합니다.

그리고 우리에게 귀한 **아이**를 허락하신 주님,

감사와 찬양을 올립니다.

주님이 주신 귀한 선물인 **아이**를 볼 때마다

주님의 놀라우신 계획과 사랑,

그리고 막중한 책임감을 느낍니다.

언제나 옆에 붙어서 모든 것을

챙겨주고 싶은 것이 부모의 마음이지만

어쩔 수 없는 직장 생활로 인해

마음같이 보살펴 주지 못하는 상황이

때로는 너무나 안타깝습니다.

그러나 제가 직장에서 충성하는 것이 또한

저와 저희 가정, 길게는 저의 **아이**를 위한 것이고

하나님의 영광을 위해서임을 잊지 않게 하시고

또 가까운 날 **아이**도 알게 하여주소서.

저의 직장생활이 저와 **아이**와 가정에

걸림돌이 되지 않게 하시고

함께 하는 시간 가운데 저의 이런 마음을 통해

아이가 더욱 사랑을 느끼게 하시고

다른 곳에 가서 기죽지 않고

높은 자존감으로 안정을 찾게 하소서.

예수님의 이름으로 기도합니다. 아멘!

23

주님,
일과 육아에
원칙을 세우고
지킬 수 있도록
하소서

진정한 행복은 자기만족을 통해서가 아니라
가치있는 목적에 헌신할 때 찾아온다.
-헬렌 켈러 -

먼저 말씀을 묵상합시다.

"내가 너희에게 분부한 모든 것을 가르쳐 지키게 하라 볼지어다 내가 세상 끝날까지 너희와 항상 함께 있으리라 하시니라"(마태복음 28:20)

"And teaching them to obey everything I have commanded you. And surely I am with you always, to the very end of the age."

사랑과 은혜가 충만하신 존귀하신 주님,

감사와 찬양과 영광을 드립니다.

우리를 사랑하여 계명과 말씀을 주신 주님,

그 말씀의 원칙을 따라 행하여

제 인생이 주님을 닮아가게 하소서.

또한 일과 양육으로 너무나 분주하지만

말씀을 중심으로 올바른 원칙을 세우게 하소서.

한 가지 일도 쉽지 않지만 일과 육아 모두를

주님의 도우심으로 온전히 감당하게 하소서.

하나님이 기뻐하시는 성경의 원리를 따라

올바른 원칙을 세우게 하시고

다른 유혹과 어려움들로 인해

쉽게 타협하지 않으므로 양쪽 영역의 삶에서

하나님이 기뻐하시는 열매들을 계속해서

맺어 나갈 수 있도록 주님이 이끌어주소서.

또한 그 원칙을 충분히 상의하여 기도로
준비하며 서로 이해할 수 있게 도와주소서.

자식은 하나님이 주신 기업이요,
상급이라 하셨으니 (시편 127:3)
잘 양육할 수 있게 하소서.
일도 이 땅에서의 청지기의 삶이니
에너지와 감정이 소모되지 않고
더욱 풍성해지는 가정과 직장생활되게
주님께서 인도해주소서.
예수님의 이름으로 기도합니다. 아멘.

24

주님,
아이가
일하는 엄마를
자랑스러워할 수
있도록 하소서

어머니는 의지할 대상이 아니라
의지할 필요가 없는 사람으로 키워주시는 분이다.
- 도로시 피셔 -

먼저 말씀을 묵상합시다.

"누가 현숙한 여인을 찾아 얻겠느냐 그의 값은 진주보다 더하니라"(잠언 31:10)

"A wife of noble character who can find? She is worth far more than rubies."

"그의 자식들은 일어나 감사하며 그의 남편은 칭찬하기를 덕행 있는 여자가 많으나 그대는 모든 여자보다 뛰어나다 하느니라"(잠언 31:28,29)

"Her children arise and call her blessed; her husband also, and he praises her; Many women do noble things, but you surpass them all."

우릴 위해 모든 고난과 수치를 당하신 주님께
저의 모든 것으로 찬양하며 섬기기를 원합니다.
놀라운 그 사랑을 주신 주님을 잠시라도
부끄러워하거나 사람들 앞에서 숨기지 않고
오히려 당당히 고백하게 하소서.

또한 저의 일이 가정생활에 누가 되지 않고
특히나 **아이**에게 있어서 부끄러움으로
여겨지지 않게 하소서.

제가 일을 하는 것이 가정과 **아이**를 위한 것임을 알
게 하시고, 또 이 일을 통해 빛과 소금처럼
하나님께 쓰임 받고 있음을
아이도 깨달아 알게 하소서.

하나님을 위해, 우리 가정을 위해,

또 사랑하는 **아이**를 위해
애쓰고 노력하는 저의 수고를
자녀가 조금이라도 알게 하시고,

하나님을 경외하는 여인은
칭찬을 받을것이요.
그 손의 열매가 그에게 돌아갈 것이요.
그 행한 일을 인하여
칭찬을 받으리라(잠언 31:30,31)고 하신 말씀이
저에게 이루지게 하시어

아이가 저를 부끄러워하지 않고
오히려 자랑스럽게 여기게 하소서.
예수님의 이름으로 기도합니다.
아멘.

25
주님,
스트레스를
잘 관리하게 하소서

내 마음 외에 바꾸어야 할 것은 없다.
- 드 코사드 -

먼저 말씀을 묵상합시다.

"너희 염려를 다 주께 맡겨 버리라! 이는 그가 너희를 돌보심이라"(베드로전서 5:7)

"Cast all your anxiety on him because he cares for you."

"모든 지킬 만한 것 중에 더욱 네 마음을 지키라 생명의 근원이 이에서 남이니라"(잠언 4:23)

"Above all else, guard your heart, for it is the wellspring of life."

주님, 지친 삶 가운데 언제나 찾아와 주셔서
깊은 안식이 되어 주심을 감사합니다.
그러나 눈앞의 상황 때문에
제 안에 계신 주님을 놓칠 때가
너무나 많음을 불쌍히 여기소서.

마음을 지키지 못해 가정과 직장 생활을
힘들어 하고, 실수하고, 슬퍼하고,
심한 스트레스를 받을 때가 때때로 많습니다.

가정 일과, 직장 일에 근심과 염려와 불안에 쌓여
모든 에너지와 시간을 낭비할 때도 있습니다.
그러나 마음을 지키는 것이 생명을 지키는 것이라
말씀하시는, 주님!(잠 4:23)
주님을 믿고 모든 것을 맡기라고 하시는
전지전능하신 능력의 주님!

주님의 말씀을 따라 모든 것을 맡기게 하소서!

모든 상황 가운데 돌보시고,

위로하시고, 또 해결해주시는 주님을 믿고,

저의 모든 작은 문제부터, 가장 큰 문제까지

모두 다 주님께 맡김으로

스트레스를 이겨내게 도와주소서.

엘리야가 심한 스트레스로

로뎀나무 아래에서 죽고자 누워있을 때

주님께서 천사를 보내어 엘리야를 어루만지며

"일어나서 먹으라"고 하셨듯이 (왕상 19:5)

저에게도 안식과 힘과 용기를 주소서.

예수님의 이름으로 기도합니다. 아멘!

★ 아이를 맡길 수 있는 사람 ★

자녀와 떨어져서 회사에서 일을 하고 싶은 부모는 없을 것입니다. 그러나 대부분은 주위 여건이나, 개인적인 상황으로 인해 아이를 다른 곳에 맡기고 일을 해야 합니다. 그렇기 때문에 10년 기준으로 신혼부부의 맞벌이 비율은 20%씩 증가해 이제는 무려 80%에 육박하고 반면에 출산 자녀는 2명 수준에서 0.5명 수준으로 떨어져 있습니다.

이제는 전업주부와 맞벌이주부의 구분이 아니라 맞벌이를 하면서 자녀를 낳느냐 낳지 않느냐가 화두인 시대가 되었습니다. 그렇기에 일을 하는 동안 자녀를 맡길 대리양육자 혹은 그럴만한 시설을 찾는 것이 워킹맘들에게는 매우 중요합니다.

세계적인 아동심리학자 스티브 비달프는 대리양육자의 우선순위를 다음과 같이 정했습니다.

1. 아기를 사랑하며 믿을 수 있는 가족이나 친척, 혹은 친구
2. 개인적으로 잘 아는 친절한 보모
3. 부모가 잘 아는 보육교사가 안정적으로 근무하고 있는 양질의 보육시설

기도 체크표

각 회차 기도한지 25일이 지났습니다.
25일 동안 기도하면서 경험한 변화를 기록해보세요.
당신이 기도한 만큼 장래가 보장된 아이로 성장할 것입니다.

횟수	날짜	자신이나 아이에게 나타난 변화
1 회		
2 회		
3 회		
4 회		
5 회		
6 회		
7 회		
8 회		
9 회		
10 회		
11 회		
12 회		

26

주님,
아이와의
약속을 잊지 않도록
하소서

아이와 약속을 하고 지키지 않으면 거짓말을 가르치는 셈이다.
- 탈무드 -

먼저 말씀을 묵상합시다.

"또 아비들아 너희 자녀를 노엽게 하지 말고 오직 주의 교훈과 훈계로 양육하라"(에베소서 6:4)

"Fathers, do not exasperate your children; instead, bring them up in the training and instruction of the Lord."

약속의 말씀을 주시고 언제나 지키시는 주님,

모든 영광을 주님께 드리며

주님을 찬양하며 살기 원합니다.

저는 때때로 주님을 잊을지라도

주님은 절대로 저를 잊지 않으십니다.

포기하지 않고 언제나 기억하시는

주님의 사랑을 본받아 저 역시 **아이**와의 약속을

잊지 않고 늘 지켜 행하며

사랑을 표현하게 하소서.

자녀의 교육기관에서의 여러 일정들을

흘려듣지 않고 꼭 기록해 챙기게 하시고,

미리 준비함으로 회사 일에 지장없이

자녀와의 아름다운 추억을 새겨나가게 하소서.

인간적으로 도저히 이뤄질 수 없었지만

사라에게 하신 약속의 말씀이

한나에게 하신 약속의 말씀이

마리아에게 하신 약속의 말씀이

엘리사벳에게 하신 약속의 말씀이 이뤄졌듯

저에게 주신 약속의 말씀도

꼭 이뤄질 것을 믿으며 감사합니다.

하온데 **아이**와 약속을 어쩔 수 없이

지키지 못할 때가 생기면

미리 **아이**에게 충분히 양해를 구하게 하시고,

엄마의 특별한 상황을 이해하고,

기죽지 않도록 **아이**의 마음을

담대하고 온유하게 길러 주소서.

예수님의 이름으로 기도합니다.

아멘.

27

주님,
서로 육아분담을
지혜롭게 하게 하소서

한 아이를 잘 키우기 위해서는
모든 마을 사람들이 필요하다.
- 아프리카 속담 -

먼저 말씀을 묵상합시다.

"한 사람이면 패하겠거니와 두 사람이면 맞설 수 있나니 세 겹 줄은 쉽게 끊어지지 아니하느니라"(전도서 4:12)

"Though one may be overpowered, two can defend themselves. A cord of three strands is not quickly broken."

"그리고 맡은 자들에게 구할 것은 충성이니라"(고린도전서 4:2)

"Now it is required that those who have been given a trust must prove faithful."

놀라운 권능을 매일 같이 제 삶에 부어주시는

주님의 은혜를 찬송합니다.

하나님의 형상을 따라 남자와 여자를

지혜롭게 창조하신 주님,

주님께서 우리 가정을 세워주시고

지켜 주셔야만이 굳건할 수 있으니

그 원리를 따라 주님의 큰 복이 임하는

가정을 이루게 하소서.

하나님이 세우신 가정의 원리를 따라 언제나

가정의 권위를 인정하게 하시고,

직장을 이유로 저의 책임을

소홀히 하지 않게 하소서.

자녀와의 모든 관계에서도

마땅히 할 도리를 다하게 하소서.

그러나 주님, 일과 가정에서 제가

감당해야 할 책무가 역시 만만치 않다는 것을

가족도 **아이**도 이해하게 하소서.

가족들이 이런 저를 위해 가사와 육아를

지혜롭게 분담하게 하시고,

그 배려를 당연하게 생각하지 않고

기쁨함으로 감사하게 여기는 제가 되게 하소서.

서로를 위함으로 주님의 사랑이 가득한

가정으로 나날이 가꿔나가게 하시고,

귀한 우리 **아이**에게 부모의 사랑이

넘치도록 전해지게 하소서.

예수님의 이름으로 기도합니다.

아멘.

28

주님,
직장생활을 당당하게
할 수 있도록
하소서

자신을 존중하는 것이 모든 미덕의 초석이다.
- 존 허셀 -

먼저 말씀을 묵상합시다.

"네가 어디로 가든지 내가 너와 함께 있어 네 모든 대적을 네 앞에서 멸하였은즉 세상에서 존귀한 자들의 이름 같은 이름을 네게 만들어 주리라"(역대상 17:8)

"I have been with you wherever you have gone, and I have cut off all your enemies from before you. Now I will make your name like the names of the greatest men of the earth."

"이로써 그리스도를 섬기는 자는 하나님을 기쁘시게 하며 사람에게도 칭찬을 받느니라"(로마서 14:18)

"Because anyone who serves Christ in this way is pleasing to God and approved by men."

부족한 저를 하나님의 자녀로 삼아주시고
귀한 사명을 허락하신 주님을 찬양합니다.
하나님의 말씀을 따라 실천하는
엄마의 삶으로, 또 직장인의 삶으로
주님께 영광을 돌리게 하소서.

직장생활을 하면서 여러 가지
헌신해야 할 부분이 많습니다.
주님, 그러나 저는 이런 부분을 전부 다
챙기지 못할 때가 많습니다.

원칙과 정도를 벗어나지 않는 상황이라면
이런 상황으로 인해 직장생활에서 기죽지 않고,
또한 눈치 보지 않도록
저의 마음을 강하고 담대하게 해주소서.

일을 하며 **아이**의 엄마로서 역할을
감당하는 것은 부끄러운 일이 아니라
자랑스러운 일이며,
감당해야 하는 일이 아니라
오히려 권장해야 하는 일이며,
슬퍼해야 하는 일이 아니라
자부심을 가져야 하는 일임을,
언제나 잊지 않고 주님이 주시는 힘으로
당당히 이겨내게 하소서.

우리의 기도를 귀 기울여 들으시고
가장 좋은 것으로 응답해주시길 기뻐하시는
예수님의 이름으로 기도합니다. 아멘.

29

주님,
심신의 피로가
바로바로 회복되게
하소서

현명한 사람은 건강을 큰 축복으로 여기고
아플 때나 건강할 때나 관리하는 방법을 찾아야 한다.
- 히포크라테스 -

먼저 말씀을 묵상합시다.

"내 영혼을 소생시키시고 자기 이름
을 위하여 의의 길로 인도하시는도
다"(시편 23:3)

"He restores my soul. He guides
me in paths of righteousness
for his name's sake."

만물을 창조하시고 때에 맞게 소생시키시고
운행하시는 전지전능하신 주님께
모든 감사와 찬양으로 영광을 돌려 드립니다.
주님을 따르던 사람들에게 사명을 감당할
마땅한 힘과 지혜를 주셨던 주님의 은총을
지금의 저에게 주시기를 이 시간 간구합니다.

일을 제대로 하는 것도 쉬운 일이 아니고,
귀한 선물이지만 **아이**를 양육하는 것도
결코 쉬운 일이 아닙니다.
이 두 가지 일을 병행하며 정말로 몸과 마음이
지치고 곤하여 아무 생각도 들지 않을 때가
자주 있습니다.

그러나 이 귀한 일들을 감당하게 하실 주님!
생명을 주기까지 저를 사랑하시는

주님을 믿사오니
제 몸과 마음을 주님의 권능으로
어루만져 주시고 치유하여 주소서.

상한 마음을 어루만질 좋은 일들이
일어나게 하시고, 가정과 동료와의 관계 속에서
주님의 위로를 받게 하소서.

또한 잠을 통해 육체의 회복을 허락하시고,
충분한 일과 육아를 감당할 체력을
관리할 수 있게 모든 환경과 상황을
주장하여 주소서.
약속의 말씀을 붙들고 살게 하소서.
예수님의 이름으로 기도합니다.
아멘.

30

주님,
직장생활을 통해
비전을 실현할 수 있도록
하소서

어제의 꿈은 오늘의 희망이며 내일의 현실이다.
- 로버트 고다드 -

먼저 말씀을 묵상합시다.

"좋은 것으로 네 소원을 만족하게 하사 네 청춘을 독수리 같이 새롭게 하시는도다"(시편 103:5)

"Who satisfies your desires with good things so that your youth is renewed like the eagle's."

전지전능하신 주님을 송축합니다.

모든 은택을 주시는 주님,

우리 앞날의 인생을 허락하시고

인도하시는 주님,

매일 주님을 더 알아가고 새로운 고백으로

찬양하게 하소서.

소망없던 제 삶에 예수님을 보내사

구원의 빛을 주시고,

소망없던 제 마음에 성령님을 보내사

새로운 비전을 주심을 감사합니다.

주님, 이곳에서의 직장생활이

하나님을 더욱 만나고 주님이 주신 비전을

실천하는 약속의 장소가 되게 하소서.

직장에서의 일과 생활이 단순히 돈을 벌고
더 나은 삶을 위한 것만이 아니라
주님이 주신 달란트를 개발하고 활용해
주님이 주신 비전을 실천하며
복음을 전하는 놀라운 통로가 되도록
큰 복을 주소서.

그 비전을 붙들고 직장생활을 하면서도
경건함을 잃지 않게 하시고
주님이 기뻐하시는 삶으로
주님께 영광 돌려지는
직장생활로 인도해주세요.
예수님의 이름으로 기도합니다. 아멘.

★ 어린이집 선택할 때 살필 사항들 ★

어린이집은 원생당 선생님 수가 정해져 있기 때문에 인기가 높은 곳은 대기자도 꽉 차 있을 수가 있습니다.

따라서 먼저 보건복지부에서 운영하는 아이사랑 사이트와 중앙보육정보센터의 검색을 통해 우리 가정이 머무는 지역에 있는 어린이집의 정보를 알아보는 것이 좋습니다.

그리고 귀찮더라도 일련의 과정을 통해서 반드시 직접 발품을 팔아서라도 다음의 사항을 살펴보십시오.

1. 주변 사람들의 입소문과 평가 인증 수준은 어떤지
2. 생활원칙과 교육방침은 어떤지
3. 우리 아기의 호기심과 창의성을 자극할 환경인지
4. 교육 프로그램이 원활하게 진행되고 있는지
5. 위생적이고 안전한 시설인지(특히 주방)
6. 정식인가 여부와 식단의 균형이 잘 맞는지
7. 선생님들의 표정이 밝은지
8. CCTV가 설치되어 있는지

그런데 무엇보다도 중요한 것은 전지전능하시고, 우리의 소원을 이루어 주시는 주님께 기도하면서 해야 합니다.

기도 체크표

각 회차 기도한지 30일이 지났습니다. 수고했습니다.
30일 동안 기도하면서 경험한 변화를 기록하고
내일부터는 다시 1일부터 시작하십시오.
당신이 기도한 만큼 장래가 보장된 아이로 성장할 것입니다.

횟수	날짜	자신이나 아이에게 나타난 변화
1 회		
2 회		
3 회		
4 회		
5 회		
6 회		
7 회		
8 회		
9 회		
10 회		
11 회		
12 회		

★ 엄마의 숙면을 위한 5계명 ★

일과 육아 두 가지를 하며 워킹맘으로 살 때 잠을 제대로 자는 것은 결코 쉬운 일이 아닙니다. 절대적인 수면 시간의 부족은 어쩔 수 없지만 그래도 자는 동안은 숙면을 취할 수 있게 도와주는 5가지 방법입니다.

1. 오후에는 카페인, 니코틴, 알코올 섭취를 가급적 하지 마십시오. 몸이 피로하고 민감할 때는 아주 작은 성분들도 숙면을 방해할 수 있습니다.
2. 침실은 쾌적한 온도와 습도를 유지하고, 빛과 소음에서 완전 차단시키도록 노력하세요.
3. 15~20분 정도의 낮잠은 만성피로를 없애주고 기억력을 향상시켜 줍니다. 그러나 30분이 넘어가면 오히려 방해가 됩니다.
4. 침실에서는 오로지 수면과 관련된 행동만 하세요. 핸드폰을 키거나 책을 보거나, 밀린 업무를 해결하는 일은 숙면에 도움이 되지 않습니다. 극동방송을 은은하게 켜놔도 좋습니다.
5. 거실이나 아기 방에서 잠이 들었다면 다시 침실로 이동해서 잠 드십시오. 이곳저곳에서 자는 수면습관은 아기에게도, 엄마에게도 좋지 않습니다.

★ 워킹맘을 위한 조언 ★

육아 전문가 다프니 매틀랜드는 워킹맘으로 살아가는 엄마들에게 필요한 3가지 조언에 대해서 다음과 같이 말했습니다.

1. 워킹맘은 새로운 도전이다.

    일도 육아도 쉬운 일은 아니지만 서로의 균형을 맞추는 것은 불가능한 일이 아닙니다. 미리 계획을 세우고 충분한 각오만 되어 있다면 워킹맘은 두 마리 토끼를 잡을 수 있습니다.

2. 하지만 육아는 중요한 일이다.

    일에 대한 포부가 아무리 큰 여성이라 하더라도 육아는 너무나 중요한 일입니다. 일에 대한 열정이 정말 큰 워킹맘이라면 육아 계획을 미리 철저히 세워놓는 것이 좋습니다. 아이를 맡겨두고 집을 나설 때 100% 만족해야 일도, 육아도 성공할 수 있습니다.

3. 워킹맘만이 느낄 수 있는 보람이 있다.

    좋은 직장에 다니고, 아이를 잘 관리할 수 있다면 일은 삶의 의욕과 수입을 가져다주며, 나머지 일과는 가정에서 행복과 즐거움을 느낄 수 있습니다. 일을 하면서도 충분히 행복하고 뛰어난 아이로 키울 수 있다는 자신감을 잃지 마세요.

주님께 간절히 기도하고

1
자녀를 위한 무릎 기도문
하나님의 사랑받는 자녀로 성장시키기 위한 기도서!

2
가족을 위한 무릎 기도문
하나님의 축복받는 가정이 되기 위한 지도서!

3
태아를 위한 무릎 기도문
태아와 엄마를 영적으로 보호하고 태아의 미래를 준비하는 태담과 태교 기도서!

4
아가를 위한 무릎 기도문
24시간 돌봐주시는 하나님께 우리 아가를 맡기는 기도서!

5
십대의 무릎 기도문
청소년기를 멋지고 당당하게 보낼 수 있도록 준비시키는 기도서!

6
십대자녀를 위한 무릎 기도문
질풍노도의 시기인 십대 자녀를 올바르게 성장시키기 위한 기도서!

7
재난재해안전 무릎 기도문 〈자녀용〉
불의의 재난 사고로부터 자신을 지키는 방법을 배우는 기도서!

8
재난재해안전 무릎 기도문 〈부모용〉
귀한 자녀를 재난으로부터 안전하게 지키게 해주는 기도서!

※ 검색창에 「무릎 기도문」 치면 전체가 보입니다.

기다리면 분명 응답 됩니다!

⑨

남편을 위한 무릎 기도문

사랑하는 남편의 신앙, 건강, 성공 등을 이루게 하는 아내의 기도서!

⑩

아내를 위한 무릎 기도문

아내를 끝까지 지켜주는 남편의 소망, 소원, 행복이 담긴 기도서!

⑪

워킹맘의 무릎 기도문

일과 가정, 두 마리 토끼를 잡기 위해 노력하는 워킹맘의 기도서!

⑫

손자/손녀를 위한 무릎 기도문

어린 손주 양육에 최선을 다하는 조부모의 손주를 위한 기도서!

A1

태신자를 위한 무릎 기도문

100% 확실한 전도를 위한 30일간의 필수 기도서!

A2

새신자 무릎 기도문

어떻게 믿어야 할지 모르는 새신자가 30일 동안 스스로 기도하게 하는 기도서!

A3

교회학교 교사 무릎 기도문

반 아이들을 위해 실제로 기도할 수 있게 하는 교회학교 교사들의 필수 기도서!

A4

선포(명령) 기도문

주님의 보호, 능력, 축복, 변화와 마귀를 대적하는 강력한 기도서!

※ 전 세트를 준비해 놓으면 「영혼의 비상약」이 됩니다.

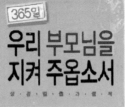
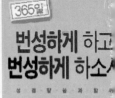

자녀 축복 안수 기도문
〈자녀를 위한 기도문 365〉

우리 부모님을 지켜 주옵소서
〈부모를 위한 무료 기도문 365〉

번성하게 하고 번성하게 하소···
〈번성을 위한 축복 기도문 36···

워킹맘의 무릎 기도문

엮은이 | 편집부
발행인 | 김용호
발행처 | 나침반출판사

2쇄 발행 | 2024년 11월 20일

등 록 | 1980년 3월 18일 / 제 2-32호
주 소 | 157-861 서울 강서구 염창동 240-21
　　　　블루나인 비즈니스센터 B동 1607호
전 화 | 본　사(02)2279-6321
　　　　영업부(031)932-3205
팩 스 | 본　사(02)2275-6003
　　　　영업부(031)932-3207

홈페이지 | www.nabook.net
이 메 일 | nabook365@hanmail.net
일러스트 제공 : 게티이미지뱅크

ISBN　978-89-318-1575-7
책번호　바-1048

값은 뒷표지에 있습니다.